COURS

DE

DROIT ADMINISTRATIF

APPLIQUÉ

AUX TRAVAUX PUBLICS.

M. COTELLE, professeur.

PREMIÈRE LEÇON DE LA SESSION 1838-1839.

* * *

Paris.

IMPRIMERIE ET FONDERIE DE FAIN,

RUE RACINE, 4, PLACE DE L'ODÉON.

1838.

A

MONSIEUR

MARTIN DU NORD,

MINISTRE DE L'AGRICULTURE,
DU COMMERCE ET DES TRAVAUX PUBLICS.

*Omnes artes inter se aliquod
commune vinculum habent.*

Cic.

A

MONSIEUR

MARTIN DU NORD,

MINISTRE DE L'AGRICULTURE,
DU COMMERCE ET DES TRAVAUX PUBLICS.

Omnes artes inter se aliquod
commune vinculum habent.
Cic.

COURS

DE

DROIT ADMINISTRATIF

APPLIQUÉ

AUX TRAVAUX PUBLICS.

M. COTELLE, professeur.

PREMIÈRE LEÇON DE LA SESSION 1838-1839 (1).

MESSIEURS,

Sous un gouvernement libre, la société retenant, par ses mandataires, une action puissante sur la gestion des affaires publiques, la prospérité matérielle du pays devient par la force des choses, l'objet constant et principal des vues de la législature.

____

(1) Le cours de droit administratif, devenu commun aux écoles des ponts-et-chaussées et des mines, a été ouvert par cette leçon, le 23 novembre, à l'amphithéâtre de l'École des ponts-et-chaussées, en présence des élèves-ingénieurs des deux services.

Le développement du travail à tel degré, offre une échelle de l'état des lumières et de la civilisation. Le travail, ami de la liberté ainsi que de l'ordre, semblerait pouvoir marcher seul, guidé par un instinct assez sûr ; et, en effet, si l'on considère combien les résultats en sont immenses, comparativement à ceux des travaux qui seront commandés ou dirigés par le gouvernement, on pourrait être tenté de croire que l'importance de ces derniers n'est que secondaire.

La législation industrielle d'un pays aura deux objets ; d'un côté, couvrant de sa sollicitude le *travail libre* de la société, elle lui procurera des garanties, des encouragements, des moyens de propagation pour les bonnes méthodes, une protection contre la concurrence de telles industries étrangères, qui, au moins dans ses débuts, lui serait trop funeste.

D'un autre côté, elle fixera les conditions d'un travail *législativement ou administrativement réglementé*, consistant dans la part d'action qui appartient au gouvernement, par rapport, soit aux grandes communications de terre et d'eau qu'il doit prendre soin d'ouvrir à l'agriculture, au commerce et à l'industrie, soit à la jouissance des choses qui, n'appartenant à personne, restent dans le domaine des règlements de police et à la disposition de la nation ; telles que les eaux courantes, les rivages de la mer, l'exploitation des mines ; soit enfin aux exploitations industrielles qui pourraient gêner les habitations du voisinage, et nuire à la végétation des jardins, des parcs et des champs ; porter atteinte à la salubrité publique, ou environner de périls la vie des hommes : telles que les ateliers réputés insalubres ou dangereux, et les machines à vapeur.

Certes, les travaux ordonnés et dirigés par le gouvernement, ne seront jamais le moins du monde comparables, sous le rapport de leur masse et de leur continuité, à ceux auxquels la société se livre par instinct et par nécessité, pour produire chaque jour au delà même de la consommation générale. Mais leur importance se tire, sous un rapport absolu, de leur bonne direction, de leur connexion immédiate avec le travail libre de la société, de leur influence incontestable sur son développement, sur la facilité et l'activité des échanges, enfin, sur tous les éléments d'une concurrence intérieure qu'aucunes barrières, qu'aucuns *draws-backs* ne doivent gêner.

En France, l'administration des travaux publics a la double mission d'éclairer les intérêts de l'agriculture et du commerce, et de les aider par le perfectionnement des institutions nationales. Mais l'une de celles qui seconde le plus puissamment le travail de la société, c'est sans contredit le double service des grandes voies de communication par terre et par eau, et de la direction des mines.

Déjà initiés à l'un ou à l'autre de ces importants services, venant de faire vos premières armes sous les yeux de savants ingénieurs et directeurs de travaux de routes et de navigation, ou sur les bassins d'exploitation les plus riches en houilles et autres richesses métallurgiques, vous revenez dans cette école pour y faire de nouvelles et de plus amples provisions d'études théoriques et pratiques.

Déjà investis du titre d'ingénieurs, qui vous rend les auxiliaires de l'administration, vous êtes, Messieurs, désireux d'ajouter à vos études précédentes, qui ont été si distinguées, des études également bien faites sur la législation des travaux publics, et sur l'administration en général.

On a dit ingénieusement, que la chronologie et la géographie étaient les deux yeux de l'histoire; *l'économie politique et la législation* sont les deux yeux de l'administration en ce qui concerne la prospérité publique.

L'économie politique enseigne comment la richesse naît et se développe dans un pays; comment les capitaux se transforment et circulent; comment ils se consomment d'une manière, soit productive, soit improductive. Dans le premier cas, il n'y a que transformation au lieu d'une consommation réelle.

Cette science place au premier rang des moyens de civilisation et de progrès de la prospérité matérielle les grandes voies de communication et la production à bon marché de la houille et du fer.

A cet égard, les faits qu'elle recueille et signale parlent assez haut.

Il y a moins d'un demi-siècle, la France était encore l'objet de l'envie de l'Europe par ses belles routes, œuvre digne du grand roi, par ses canaux du Midi, de Briare, d'Orléans et du Loing, de l'Escaut, et par le projet du canal du Centre, dès-lors en voie d'exécution. Nulle nation n'offrait autant de facilité pour les transports ; la nôtre y voyait une cause insurmontable de suprématie pour son agriculture et son commerce.

Cependant, à dater de la guerre maritime qui a eu lieu entre la France et l'Angleterre, pour l'émancipation de l'Amérique, les Anglais, cherchant dans leur territoire les aliments d'un commerce d'exportation immense qui compensât la perte de leurs colonies, surent créer et perfectionner leurs ports, multiplier les docks, ouvrir des canaux de navigation, et couvrir le pays des routes les mieux faites et les mieux entretenues de l'Europe. En diminuant ainsi le prix du transport, ils sont parvenus à mettre, chez eux, la houille et le fer à un prix très-bas. De là une immense impulsion dans les arts et manufactures ; de là des exploitations colossales qui, produisant au meilleur marché possible, auraient paralysé les industries semblables chez les autres peuples, notamment les fabriques de fer et de coton, sans le secours des droits protecteurs et des lignes de douane.

Cependant le sol de la France, cinq fois plus vaste que celui de l'Angleterre, et offrant des productions aussi variées que le sont nos divers climats du midi, du centre et du nord, ne lui cédera pas en richesses, dès que les voies de communication et l'exploitation des produits métallurgiques qui s'y trouvent en si grande abondance, auront atteint chez nous le même développement que chez nos voisins.

Après tant de guerres soutenues glorieusement contre

toute l'Europe, la France a ouvert les yeux sur les causes de la richesse inouïe et de la puissance commerciale de l'Angleterre.

Dès 1821, elle avisa à créer de grandes lignes de canaux ; nous avons maintenant six cent lieues de canaux navigables ; elle s'est également occupée de perfectionner la navigation des fleuves et des rivières ; enfin, les routes ont occupé aussi la sollicitude des chambres et du gouvernement.

Depuis 1830 particulièrement, la France, tout en se tenant sur un pied de guerre respectable, a dirigé aussi ses efforts vers l'accroissement de la prospérité matérielle du pays.

Nous comptons déjà huit mille lieues de routes royales, qui désormais seront sans lacunes et à l'état d'entretien.

Les routes départementales offriront sous peu un réseau dont l'étendue ne sera pas moindre.

Dans tous les départements, on ouvre ou l'on termine des communications vicinales, auxquelles la nation consacre de 30 à 40 millions par an.

Nous n'avons encore en France que quarante-huit lieues de chemins de fer et quarante-quatre en construction ; cependant nous en avons huit cents lieues en études, et l'attention du pays étant dirigée de ce côté, des mesures législatives suppléeront, par les ressources financières aussi largement qu'utilement appliquées, au désappointement et à la déconvenue des hommes de finances qui, durant la dernière session des chambres, se faisaient forts à si haute voix de frapper du pied la terre et d'en faire sortir des millions sous forme d'actions au porteur.

Pour les richesses métallurgiques de son sol, la France occupe déjà le second rang ; eu égard à son étendue, les progrès de l'art et le temps lui feront un jour conquérir une honorable rivalité avec l'Angleterre.

En 1788, l'extraction de la houille ne s'élevait qu'à *cinq* millions de quintaux métriques ; elle était déjà portée à 20 millions en 1816 ; elle a produit 29 millions en 1835 ; sa production a donc tiercé depuis 1816, et sextuplé depuis 1788 ; cependant, elle est loin d'avoir atteint son dernier degré. Ainsi, on sait l'activité prodigieuse qu'ont acquise depuis peu d'années les recherches et les exploitations de mines de toute nature ; en outre, le nombre des usines à feu s'accroît annuellement d'une manière marquée.

La production croissante de la *houille* et du *fer* multiplie les machines à vapeur, qui offrent des moteurs si puissants, et qui se placent en tout lieu ; en un mot, l'état industriel de la France présente, dans un avenir prochain, des progrès incalculables et un accroissement de puissance beaucoup plus réel que celui qu'elle se procurerait en entretenant des armées permanentes et une flotte formidable.

Tels sont les enseignements de *l'économie politique* ; elle nous montre ici, sous un point de vue étendu et grandiose, tout l'intérêt qui s'attache pour le pays aux *travaux publics*, c'est-à-dire l'action que le gouvernement de la France exerce sur sa prospérité matérielle, sur le développement du travail libre, soit par les ressources financières que les chambres mettent à la disposition du corps des ponts-et-chaussées pour créer et perfectionner les routes et les voies navigables, soit par la science et la sage direction de l'administration des ponts-et-chaussées et des mines, soit enfin par les encouragements et le soutien que le gouvernement prête à l'esprit d'association et au génie des grandes entreprises, bien loin d'y apporter des entraves, comme quelques fâcheux mal éclairés l'en accusent quelquefois, mais toujours injustement.

Maintenant, pour gérer au nom de l'état des affaires de si haute importance, n'est-il pas nécessaire de connaître la législation de son pays ?

Dans une société civilisée, la loi est une seconde nature qui saisit l'homme dans tous les éléments de son existence, dans tous ses rapports, qui le suit dans tous ses actes, depuis la naissance jusqu'au moment de la mort ; la vie du corps social se compose de deux principes, *la vie individuelle* ou *l'agrégation des citoyens*, leur existence matérielle, et leurs facultés ; ensuite la vie de *relation* ou l'organisation politique qui lie l'individu à la famille, la famille à la commune, la commune au département, le département à la grande unité du corps social.

De là des rapports sociaux qui sont l'œuvre même de la loi.

Il en résulte un lien étroit et de continuels points de contact entre la *chose publique* et *l'intérêt privé*, la *sécurité* de chacun et le *repos de tous* la *liberté civile* et la *liberté publique*, le *droit civil* et le *droit criminel*, l'administration publique et toutes les parties du droit.

Sa sphère, susceptible de se développer sous des points de vue très-variés, est aussi vaste que celle des sciences mathématiques, des sciences naturelles ou de la médecine.

Ses diverses parties se rattachent les unes aux autres, telles que les notions générales de la législation, les lois positives, leur suite chronologique et leurs textes, la science de la procédure, les éléments du droit criminel et la poursuite des contraventions ; toutes ces choses se lient et s'enchaînent par la complication des faits, sans qu'il soit possible de les isoler.

Ainsi un ingénieur des ponts-et-chaussées ou un ingénieur des mines signalera une contravention aux règlements de son service.

S'agit-il de matériaux déposés sur la voie publique, ou d'une exploitation de mines ouverte sans autorisation, vous croyez qu'il ne sera question que d'en dresser procès-verbal et de faire appliquer une peine au contrevenant ; mais celui-ci opposera qu'il est *propriétaire* du terrain sur lequel a lieu le dépôt, ou qu'il jouit anciennement de la mine dont il s'agit ; alors la question préjudicielle de *propriété* vous fera passer du droit répressif au droit civil, et du tribunal réparateur à la juridiction qui connaît des limites du champ et des titres de propriété.

Ou bien, si le prévenu prétend n'avoir fait que ce qu'il était autorisé à faire en vertu de quelque acte de l'autorité, une question peut surgir sur la validité et le sens des actes administratifs invoqués, ou sur un conflit entre des autorités distinctes; matière du *contentieux administratif*.

Il s'ensuit que pour manier les affaires avec quelque connaissance du langage des lois, de la diversité des pouvoirs, des formes de procéder, il faut avoir une teinture de toutes les parties de la législation, et connaître, avec quelque précision, la connexion qui existe entre elles.

Or, une étude qui paraît si vaste peut-elle être embrassée dans le petit nombre de leçons qui peuvent se concilier avec les études qui doivent être l'objet principal de l'enseignement des écoles d'application du génie civil?

Mais, les méthodes qui ont fait faire des progrès si rapides à la propagation des principes en mathématique et en physique depuis un quart de siècle, ne seraient-elles pas également applicables aux sciences morales, et au droit particulièrement?

Pourquoi non? Arrêtons-nous donc à constater les causes de la révolution qui s'est opérée dans l'enseignement des sciences mathématiques et physiques depuis l'institution si nationale de l'École polytechnique.

Avant 1789, cette grande époque de notre régénération sociale, une éducation cultivée se prolongeait bien au delà du temps de l'adolescence; la loi fixait la majorité à vingt-cinq ans; avant l'âge de trente ans, peu d'hommes avaient acquis surtout la maturité qu'exigent les affaires et les professions sérieuses.

Une éducation très-bornée dans ses vues, le joug pesant de l'autorité paternelle, les jurandes et maîtrises et la lenteur d'un apprentissage plutôt de routine que de théorie, comprimaient la jeunesse dans les langes d'une longue enfance, selon l'esprit de stagnation et de torpeur qu'entretiennent les gouvernements absolus.

La révolution, en brisant les entraves apportées au travail, en électrisant la nation par les principes de la liberté publique, a émancipé tout à coup les esprits et a ouvert beaucoup plus tôt les carrières scientifiques, industrielles, commerciales et celle des emplois publics.

La majorité de vingt-et-un ans était acquise par les institutions nouvelles avant d'avoir été proclamée par le Code civil.

Mais ce qui a surtout avancé la jeunesse, c'est le bienfait d'une instruction accélérée et forte, c'est le perfectionnement des méthodes.

On sait comment, en 1793, lorsque toutes les sources de l'instruction étaient fermées, le comité *de salut public* dans une inspiration, cette fois, aussi heureuse qu'imprévue et soudaine, jugea que la France ne pouvait faire tête à l'Europe en armes que par le secours de la science.

La première pensée du gouvernement fut d'ouvrir une grande école nationale, dans laquelle les départements enverraient des sujets capables d'y puiser une instruction solide et d'en rapporter des connaissances qui seraient propagées par l'enseignement public dans les localités.

La fondation des écoles normales eut alors un but politique ; c'était de populariser les connaissances indispensables pour traiter le salpêtre, le fer, le cuivre, diriger des grandes exploitations, et fabriquer des armes et des vêtements pour les défenseurs de la patrie en danger.

Une députation scientifique de huit cents jeunes instituteurs fut enseignée, à Paris, par une réunion de maîtres telle qu'il ne s'en était jamais vu de semblables dans aucune école. Ces maîtres étaient *Lagrange* et *Laplace*, pour les mathématiques ; *Fourcroy* et *Haüy*, pour la physique et la chimie. Leur enseignement, dans le langage officiel de l'époque, était qualifié de *révolutionnaire*, devant être aussi accéléré que le comportaient le génie des maîtres et la portée de leurs disciples, pour accomplir la plus noble pensée de la révolution.

Là aussi, la science, par un langage bien nouveau, a su poser d'une manière nette et développer suffisamment en quelques mois des principes forts et féconds, dont l'enseignement jusqu'alors diffus, obscur et sans intérêt, ne produisait ses fruits qu'après plusieurs années d'un travail opiniâtre.

Aux écoles normales a succédé, l'année suivante, l'école des travaux publics, qui avait pour objet de répondre d'une manière immédiate et plus sûre aux besoins de plusieurs services ; école théorique et pratique à la fois, d'où devaient sortir tout formés des ingénieurs militaires, des officiers d'artillerie, des ingénieurs des ponts et chaussées et des mines.

Enfin, l'année suivante, on fonda l'*école polytechnique*, et, à la suite, furent rétablies les anciennes écoles d'application de Paris et de Metz.

Parmi les fondateurs de cette école célèbre et dont la France est si justement glorieuse, nous ne pourrions oublier de signaler le vénérable chef de l'école des ponts et chaussées, qui a eu la gloire de partager les travaux des Lagrange, des Laplace, des Haüy, et qui, à la suite d'un long et brillant exercice du professorat, remplissait dernièrement encore les fonctions d'examinateur de l'école polytechnique.

C'est en s'inspirant des leçons de ces grands maitres qu'on a écrit de nouveaux élémens des sciences beaucoup plus précis que ceux d'autrefois. Aussi se sont-ils facilement répandus ; ils ont pénétré dans les colléges, dans les ateliers des manufactures. Voilà comment aujourd'hui, la science triomphe partout de la routine dans les arts de construction, de mécanique, de produits chimiques, de toute exploitation industrielle.

De là cette union intime et désormais indispensable entre la science et l'industrie, à laquelle nous devons l'immense progrès dans les arts et métiers qui s'est communiqué à toute espèce de manufactures.

Si la science morale, en France, n'a pas à beaucoup près des éléments aussi positifs, aussi populaires, et qui aient une influence comparativement égale sur les idées d'ordre, de liberté et de justice, il faut bien remarquer que ces études ont été long-temps proscrites par les gouvernements absolus, qui auraient voulu arrêter la marche des idées.

Sous le Directoire, lors de l'avénement de Bonaparte aux affaires, *le droit de la nature et des gens* s'enseignait dans les écoles centrales, et c'était le fondement d'une bonne doctrine des lois, s'il y eût été donné suite.

L'Institut national contenait dès lors une section des sciences morales et politiques.

Sous le Consulat, la loi de ventôse an XII concernant les écoles de droit, les dotait d'une manière splendide, en y instituant des chaires du droit *de la nature et des gens, d'économie politique et de droit public et administratif*; si ces diverses parties de la science morale eussent été fortement liées entre elles, il en fût sorti l'enseignement le mieux éclairé du droit positif et de la jurisprudence.

Mais, dans l'organisation effective des facultés de droit, Bonaparte retrancha ces objets de leur programme; à la même époque, supprimant le tribunat, il réduisit la législature à une chambre de muets; il supprima aussi, dans l'Institut, la classe des sciences morales et politiques, qu'il accusait de s'égarer dans une *métaphysique ténébreuse*; ces mesures, assez significatives, interdisaient toutes recherches sur les fondements du pouvoir, et toute discussion des actes de sa toute-puissance impériale.

Enfin, en publiant *son Code civil*, dans lequel il voyait à bon droit l'un de ses plus beaux titres de gloire, Napoléon eût voulu que chacun de ses Codes pût n'être *qu'expliqué littéralement*. Le moindre commentaire lui portant ombrage; « ils m'auront bientôt perdu mon Code, » disait-il avec effroi, en voyant le premier ouvrage qui ait été publié pour l'explication du Code civil.

Cependant, si les savants publicistes et jurisconsultes qui furent préposés à la rédaction des Codes eussent été chargés d'enseigner les nouvelles lois à la jeunesse en passant par la morale, le droit naturel et l'économie politique, quel intérêt n'auraient-ils pas su répandre sur les fondements mêmes des lois! quels éléments aussi solides que neufs en seraient découlés pour les sciences morales, si, à l'exemple des *Laplace*, des *Lagrange*, des *Hauy*, les *Portalis*, les *Cambacérès*, les *Treilhard*, étaient venus répandre dans les amphithéâtres, où affluait une jeunesse avide de s'instruire, les lumières de leur expérience et de leur génie sur les matières du droit public et du droit civil!

Mais la volonté despotique de Napoléon apportait un obstacle absolu à un semblable progrès des idées en matière d'économie publique et d'intérêts sociaux.

Cependant, si le génie du grand homme de ce siècle fut hostile aux théories sociales, il s'est du moins puissamment développé dans l'art d'organiser, c'est-à-dire dans ses œuvres mêmes; ainsi, nous lui devons le système actuel de notre organisation administrative et judiciaire. Digne appréciateur des hommes de talent, méditant, en matière de travaux publics, des projets dignes de sa gloire, tels que les travaux de la route d'Italie par le Simplon, des canaux de Saint-Quentin, de l'Ourcq, de Saint-Maur, du port d'Anvers et de la digue de Cherbourg, il a rehaussé les deux corps des ponts-et-chaussées et des mines, en étendant leurs attributions et en élargissant les cadres du personnel.

Napoléon avait fait de son conseil d'état le premier corps constitué de l'empire. Partie de la puissance législative, ce conseil décidait en outre souverainement le contentieux de l'administration.

En complétant son Code civil par deux importantes lois, l'une sur l'*expropriation pour cause d'utilité publique*, l'autre sur les *mines*, lois qui plaçaient soit la propriété de la surface, soit la propriété souterraine sous la sauve-garde des tribunaux, il laissait encore aux conseils de préfecture une part assez belle de *juridiction administrative*, qu'ont fixée les lois du 28 pluviose an VIII et du 16 septembre 1807, sauf l'appel au conseil d'État.

A l'époque de la restauration, Louis XVIII eut l'heureuse pensée de maintenir le conseil d'état comme conseil de la couronne et comme juridiction, encore bien qu'il ne dût pas figurer dans la Charte comme pouvoir, à côté de deux chambres législatives; mais conservant des attributions juridictionnelles, le conseil d'état exerçait encore une action puissante sur la *propriété* et sur les *facultés* des citoyens. Son existence fut d'abord contestée sous le rapport de sa compatibilité avec le gouvernement institué par la Charte. Il résista devant les chambres au reproche d'inconstitutionnalité, de sorte qu'il ne restait plus qu'à recueillir sa jurisprudence, qui avait pris place parmi les éléments de la puissance publique.

Dès 1818, des publications utiles, et surtout les excellents ouvrages de MM. Macarel et Cormenin fixèrent l'attention des jurisconsultes sur le droit administratif.

En 1820, une chaire de *droit public et administratif* fut instituée dans la faculté de droit de Paris, ainsi que deux chaires de droit naturel.

Mais ces enseignements nouveaux excitant quelque effervescence dans les jeunes têtes, par la discussion des fondements de l'ordre social, un pouvoir timoré les supprima l'année suivante.

En 1828, sous le ministère de M. de Martignac, on rendit à la faculté de Paris une chaire de *droit administratif positif* et une chaire *de droit des gens positif.*

C'est dans cet état que la révolution de juillet a trouvé l'enseignement du droit. Fidèle à son origine, n'ayant rien à redouter de l'examen de la science, mais considérant comme de son devoir, et jaloux, au contraire, de propager des idées justes sur les nécessités de l'ordre social et sur les éléments du bonheur public, le gouvernement fonda bientôt une chaire d'*économie politique* au collége de France. Depuis, l'université a fait participer successivement toutes les facultés de droit au bienfait d'un enseignement libéral, en créant d'autres chaires de *droit administratif.*

Dans la capitale, le cours de droit administratif est

confié, depuis sa fondation, à l'expérience de l'un de nos plus savants conseillers d'état, ancien préfet de Lyon et de Rome, sous l'empire, dont les leçons embrassent toutes les parties de l'administration publique de France; cours très-étendu, complet pour ceux qui se préparent à remplir les fonctions de l'administration départementale ou communale. Mais cet enseignement, assurément très-profitable pour tous les services publics, n'aurait pas pu se coordonner avec la distribution du travail et les convenances propres d'une école-pratique, dont les exercices durant une courte session d'hiver, doivent être consacrés aux applications bien plus qu'à la théorie.

En 1831, le cadre des études de l'école des ponts et chaussées dut s'élargir pour y faire entrer quelques leçons d'une science qui n'y avait point encore été enseignée.

S'il y a une vigueur bien remarquable et parfaitement appréciée dans les études par lesquelle on parvient à cette école, c'est qu'elles sont basées sur d'excellentes méthodes, sur des principes clairs, sur de fortes déductions. Cependant, comme je l'ai déjà dit, les sciences exactes s'enseignent de nos jours d'une manière très-accélérée; on ne se traîne plus sur les éléments avec la timidité d'autrefois.

Or, dans l'enseignement du droit, on est peut-être demeuré trop fidèle à l'habitude de s'attacher à des textes, de les expliquer d'une manière minutieuse et scholastique.

Difficile problème, que celui de fonder une doctrine

sur des idées générales et simples; d'aller du simple au composé, du connu à l'inconnu; mais en même temps, d'atteindre rapidement le but, de faire arriver par le droit chemin aux questions les plus difficiles, les plus compliquées, avec les éléments nécessaires pour résoudre des problèmes dont la solution exige d'autant plus de méthode que la science est par elle-même moins positive.

Cependant le cours fondé dans cette école est aujourd'hui à l'épreuve de sept années d'expérience. J'ai été heureux de rencontrer un tel auditoire. La philosophie, dit, l'ingénieur Fontenelle, enseigne à l'écart au petit nombre d'auditeurs qu'elle a choisis exprès, parce qu'ils savent une bonne partie de ce qu'elle veut leur enseigner; heureux celui qui s'adresse à des esprits pénétrants et qui est compris à demi-mot.

Dernièrement, un artiste de premier ordre avait obtenu un brillant succès par une œuvre musicale; aux compliments qui l'investissaient de toutes parts, il répondait avec modestie par l'expression de la plus vive gratitude pour le public: « Oui, disait-il, j'ai fait » des efforts pour avancer l'art, mais j'aurais échoué, » si je n'avais rencontré un parterre aussi avancé, sur » lequel j'osais à peine compter en composant. » Ainsi, parlait M. Meyerbeer; et il en est dans les sciences comme dans les arts. Bien écouter, c'est exercer la plus puissante action sur celui, qui, pour enseigner, pense tout haut afin que la doctrine se découvre naturellement et ne soit plus imposée.

La science établit son règne dans les esprits, par deux méthodes différentes, qui, employées simultanément, donnent les plus grands fruits; c'est par la *synthèse* que le professeur fait faire les premiers pas à ses élèves et les conduit comme par la main, jusqu'aux applications; mais c'est par l'analyse, qu'on apprend soi même et qu'on sait bien, lorsqu'on est revenu sur ses pas et qu'en remontant des résultats aux principes, on a reconnu les bases de la doctrine, et formé solidement sa conviction.

Celui qui enseigne mène ses auditeurs du simple au composé; mais l'auditeur doit revenir du composé aux élémens simples; dans ce mouvement alternatif, l'esprit de celui qui cherche la vérité, tantôt marchant à grands pas, tantôt rebroussant chemin pour mieux connaître sa route, imite le jeu de la lumière, qui, de tous les miroirs ou parois d'un fanal, se projettent et se concentrent dans un foyer resplendissant. Le mot *réflexion*, en effet, représente les mêmes détours de la pensée, jusqu'à ce qu'elle se fixe et qu'elle rayonne.

Dans ce cours, quelque objet d'étude qu'il faille aborder, nous nous adressons d'abord à la raison de nos auditeurs, pour les faire méditer sur un intérêt social, avant d'arriver aux lois qui les régissent. Nous leur faisons trouver d'eux-mêmes quels rapports divers, quels conflits, quels droits, quelles obligations doivent en naître, quelles garanties ces droits peuvent réclamer et obtenir. Ce travail de la seule pensée sera le point de vue *rationel* ou *purement* théorique de la matière.

Mais tout intérêt social a dû se produire assez anciennement dans une civilisation avancée.

C'est dans la science du droit qu'on a pu dire le plus sûrement, qu'il n'y avait rien de nouveau sous le soleil, *nil novi sub sole.*

J'observe et présente à mes auditeurs les diverses faces sous lesquelles l'intérêt social, qui est devenu l'objet de notre étude, a été envisagé et réglé par le législateur à différentes époques; là, s'ouvrent les annales d'une partie des travaux et du trésor de l'esprit humain; l'origine, les progrés et l'ordre chronologique des lois, c'est le *point de vue historique* du sujet dont on s'occupe.

Enfin ce compte fait des lois, qui ont été portées sur un intérêt social, met en lumière la loi ou le règlement actuellement en vigueur, lequel aura sans doute perfectionné les systèmes précédents. C'est *le point de vue positif* et *pratique* et l'objet propre des travaux de la jurisprudence.

Par cette marche, la science, suivant le progrès des temps et de la civilisation, devient une étude expérimentale des institutions de la société, bien digne de l'intérêt et de l'application d'esprits sérieux qui ont à s'initier aux grandes affaires.

Comme elle introduit tout d'abord dans la connaissance des choses en elles-mêmes, il en résulte bientôt un fonds de principes et de réflexions, et, surtout une habitude de méthode avec lesquels on se pose à soimême les problèmes à résoudre, sachant user de tous les instruments de la science, pour arriver à l'évidence démonstrative; ces instruments, avec lesquels il importe donc de se familiariser de bonne heure, sont les livres où l'on trouve des moyens de solution aussi variés que puissants. En jurisprudence, ils peuvent se classer de la manière suivante.

1° Recueils des TEXTES originaux des lois et règlemens.

2° Recueils des DÉCISIONS de la justice, qui sont à consulter et à comparer, pour voir quelles lacunes, quelles difficultés se sont offertes dans la loi, et en quel sens elles ont été résolues.

3° Ouvrages des AUTEURS qui ont expliqué la loi dans ses motifs et ses déductions théoriques;

4° VOCABULAIRES et RÉPERTOIRES qui, en donnant la clé du langage des lois, ouvrent les sources de la science;

5° Recueils de FORMULES préparées à l'avance pour indiquer la forme des actes légaux, dans leur conformité avec le vœu de la loi.

Il y a particulièrement dans cette école, trois sources ouvertes pour l'étude : les leçons orales; les précis lithographiés; les ouvrages de science réunis dans la bibliothèque.

A la suite des leçons orales qui familiariseront ici les auditeurs avec le langage du droit et les formes de la discussion, il importera qu'ils consultent assidûment les recueils et ouvrages cités; qu'en particulier ils les examinent et les analysent sous l'impression que la leçon orale aura laissée dans les esprits.

Il y a dans la science des lois des degrés différents de connaissance.

Celui qui s'occupe exclusivement de la recherche des fondements de la société et de l'organisation des pouvoirs, cultive la science de la législation ; s'il y est profondement versé et qu'il ait fait faire des progrès aux idées de son siècle, il mérite le titre de *publiciste*.

Celui qui étudie les lois en vigueur et qui fait de leur application aux espèces particulières son étude exclusive, cultive la *jurisprudence*; si ses travaux jettent quelque jour sur le système des lois existantes et font faire des progrès à l'art de les appliquer, il mérite le titre de *jurisconsulte*.

Celui qui n'aura qu'une connaissance ordinaire de la pratique des lois, n'est que *praticien*.

La dénomination générale de *légiste* convient à quiconque cultive la science des lois.

Les travaux de l'administration consistant à faire l'application des lois, sous le rapport de l'intérêt général, le ramènent sans cesse vers les principes de l'institution des pouvoirs. Cependant, c'est par le droit positif que les affaires se traitent et reçoivent leurs décisions.

L'administrateur doit donc s'élever souvent jusqu'aux vues de la science du *publiciste*, mais il a surtout besoin de s'éclairer des lumières de la jurisprudence. Enfin, loin de dédaigner les fruits commodes et sûrs de la pratique, il a besoin d'être un praticien consommé sur les lois et réglements.

Ce cours tend à vous mettre sur la voie de devenir des *légistes éclairés*, jusqu'à ce que l'expérience et le temps vous aient fait parvenir à la solidité des vues et des connaissances qui font ou le jurisconsulte ou le bon administrateur.

Sous les institutions qui nous régissent, la connaissance des lois est indispensable aux citoyens, et dans l'opinion générale, elle est devenue le complément nécessaire d'une éducation libérale et achevée; aussi avons-nous vu, tous les ans, quelques élèves de cette école inscrits aux cours de la faculté, par les conseils et l'impulsion de leurs familles.

Dans les fonctions de votre service, cette étude est de la nécessité la plus urgente. J'aime à croire que cela n'échappe à aucun de vous.

En effet, vous le savez, le contentieux est une partie très-importante des fonctions de l'ingénieur. Il appartient au conseil général des ponts et chaussées et au conseil des mines de délibérer sur les affaires contentieuses du service; mais ces conseils n'en sont saisis qu'après que les affaires ont été examinées à fond et déjà sévèrement traitées par les ingénieurs de la localité.

Certes l'ingénieur des ponts et chaussées ou des mines est à la fois l'auxiliaire et la main de l'administration : la main, pour l'exécution des travaux d'art, la tenue matérielle de la comptabilité, des registres, de la correspondance de l'administration générale et des préfectures; l'auxiliaire, pour éclairer par ses rapports l'autorité supérieure sur les pétitions et les réclamations de toute espèce qui se rattachent aux objets de son service, et coopérer ainsi, auprès des conseils des mines ou des ponts et chaussées, dans les conseils de préfecture et auprès du conseil d'état, à l'instruction des affaires contentieuses.

C'est par le droit que le service public touche aux intérêts des citoyens, et ceux-ci doivent trouver des garanties dans les lumières et l'équité de l'ingénieur. C'est en montrant un zèle selon la science que, sous un gouvernement constitutionnel, il méritera bien de l'administration ; car il défendra avec fermeté les droits de l'État, sans jamais jeter l'administration dans des procès dont elle ne sortirait que vaincue et sans honneur.

Par le droit bien compris, les difficultés sont ou prévues ou aplanies, et alors l'administration offre volontiers ses actes à la publicité la plus complète.

Aussi, j'ose le dire à ceux qui pourraient le méconnaître, tout tend aujourd'hui à ce résultat que bientôt les titres les plus sûrs pour l'avancement d'un ingénieur, seront la connaissance et les talens dont il fera preuve dans la science administrative.

Mais pour assurer le succès complet et désirable de cet enseignement, dans l'intérêt de deux services qui exercent, l'un et l'autre, une si haute influence sur la propriété des citoyens et la fortune publique, il faudra y consacrer des études individuelles dont nous avons tracé plus haut la marche.

Par la direction à la fois théorique et pratique de cet

enseignement, une leçon préparée, entendue et enfin contrôlée par la lecture et la vérification des textes des lois, des arrêts et des auteurs cités, créera dans les esprits des convictions aussi solides qu'étendues, et aussi fructueuses par l'application que l'ont été vos autres études dans lesquelles vous avez obtenu de brillants succès.

On apprendra ici à penser fortement sur les matières de législation; on recevra une impression nette des diverses parties du droit général, et des rapports de connexion qui existent entre elles et la législation spéciale des travaux publics. On saura traiter avec justesse et précision, soit la correspondance, soit les rapports; on saura enfin s'étayer sur des principes, s'exprimer dans de bons termes et soutenir toute espèce de discussion.

Tels sont les fruits très-portatifs et particulièment utiles aux ingénieurs, qui ressortiront de ce cours suivi avec l'assiduité et l'application qui caractérisent cette école.

Les nombreuses matières qu'il embrasse peuvent se ramener à ces différents points :

1° L'organisation des travaux publics;

2° Les garanties sociales communes à l'intérêt public et à l'intérêt privé, réunies dans deux systèmes d'organisation : l'*ordre administratif* et l'*ordre judiciaire.*

3° *Le contentieux de l'administration et la juridiction administrative.*

Voilà les prolégomènes ou principes généraux du cours.

Quant au corps de la doctrine concernant les lois spéciales du service des ingénieurs, nous resserrerons ces lois en les envisageant dans leur rapport avec ces trois opérations de vos services.

1° L'établissement et l'organisation des travaux d'utilité générale.

2° Leur administration réglementaire et préventive.

3° Leur conservation, la surveillance et l'emploi des mesures répressives.

Sous ces différens points de vue, nous aurons d'abord à traiter des lois et réglements relatifs :

A l'expropriation pour cause d'utilité publique (Loi du 7 juillet 1833).

A l'exploitation des mines (Loi du 21 mai 1810).

Au desséchement des marais (Loi du 16 septembre 1807).

Aux dommages que la propriété peut éprouver dans l'exécution des travaux publics (Loi du 28 pluviôse an VIII).

Aux traités administratifs et au marché des entrepreneurs connus sous le titre de *clauses et conditions générales* (Instruc. de 1834.)

Ces lois concernent spécialement l'établissement et la confection des travaux publics ; les soins de leur administration et de leur conservation sont réglés plus particulièrement par d'autres lois spéciales, telles que le décret du 16 décembre 1811, concernant les routes et leurs plantatious, la loi du 29 floréal an x relative à la grande voirie, les lois et concessions concernant les canaux navigables, la loi de l'an xi sur le curage des rivières, le règlement du 19 ventose an vi sur l'autorisation des usines à eau, la loi du 1er frimaire an vii concernant les bois, le décret du 15 octobre 1810 et des ordonnances récentes sur les ateliers insalubres et incommodes et la police des machines à vapeur.

L'année dernière, la sollicitude éclairée du conseil des mines lui a fait exprimer le vœu que les élèves ingénieurs de ce service vinssent puiser ici la connaissance des principes et des formes du droit.

Nous fûmes invité à donner beaucoup plus de développement à la matière des mines, que nous n'avions qu'effleurée dans les années précédentes. Nous désirons même faire davantage pour nos nouveaux auditeurs, et, en enseignant les principes généraux des lois et institutions de la France, nous aurons soin de varier nos applications au profit des deux services.

Désormais même, pour satisfaire des esprits occupés d'études sérieuses, qui ont besoin d'aller droit au but, nous aurons soin de classer nos matières de la manière suivante :

Nous placerons en avant celles qui sont d'une utilité aussi positive pour un service que pour l'autre.

Au second rang, nous placerons celles qui intéresseront encore les ingénieurs des mines, quoique ayant un rapport moins direct avec leur service.

Enfin, nous réléguerons à la fin du cours les matières qui nous sembleront d'une utilité particulière au corps des ponts et chaussées, encore qu'il soit bon que tous les ingénieurs du gouvernement en connaissent les bases.

Par ce classement, nos leçons se partageront en deux parties, l'une d'une utilité commune et nécessaire aux deux écoles, et l'autre plus particulièrement destinée à celle des ponts et chaussées.

Permettez-moi, Messieurs, de me féliciter, en terminant, des rapports qui s'établissent aujourd'hui entre nous.

Ils ont pour base les conquêtes les mieux assurées de l'esprit humain sur les préjugés et le despotisme.

Par la révolution de juillet, la liberté, la science et le pouvoir ont formé une alliance désormais indissoluble, et se prêteront un éternel appui.

Nous vivons sous un gouvernement ami des arts, propice au développement des sciences, et qui s'occupe surtout de la prospérité matérielle du pays.

Pour témoigner sa sollicitude sous ce rapport, le gouvernement a encore institué, l'année dernière, dans le conseil d'état, un comité spécial de l'agriculture, du commerce et *des travaux publics*, où sont méditées d'une manière exclusive toutes les mesures d'utilité publique, toutes les concessions de mines, de chemins de fer, d'usines à eau ou à feu ; cela devait être, lorsque déjà une partie importante du ministère de l'intérieur s'en trouvait détachée sous le titre de ministère *des travaux publics*, de l'agriculture et du commerce.

Sous les auspices des hommes d'état qui président à la direction des services dont vous faites partie, et que nous savons être aussi zélés pour le bien du pays durant l'intervalle des sessions des chambres, que bien préparés pour soutenir leurs projets de lois à la tribune législative, et puisqu'ils ne dédaignent pas d'honorer nos travaux de leur attention bienveillante, nous avons tous trop de motifs d'émulation pour ne pas répondre dignement à ce que le devoir et la science réclament de nos communs efforts. L'autorité supérieure a les yeux sur nous; à notre tour, soyons dignes d'elle.

[illegible]